MAKANDAL

REBELLE DES ANTILLES

Éditions Nielrow
Dijon - France-2018
ISBN : 978-2-490446-08-7

PARUS AUX ÉDITIONS NIELROW

TABLE

AVANT-PROPOS

L'histoire de Makandal diversement écrit - Macandal, Mackandal, entre autres - s'inscrit dans la lutte d'affranchissement des esclaves elle-même sous-tendue par les velléités indépendantistes qui fleurissaient en cette fin de XVIIIème siècle, puis au début du XIXème, dans les Antilles et ailleurs. Les Lumières sont passées par-là, dans la tête d'aventuriers ou d'esclaves qui voyaient bien que les belles idées des philosophes n'avaient cours qu'en Europe. Et ils avaient raison. Une fois les principes de liberté base de tout le reste, celui d'égalité un peu forcé, et celui de fraternité très décoratif, acquis par la révolution française, il fallut les appliquer, ce qui ne fut pas vraiment fait avec enthousiasme dans les Îles du côté des colons. Pis, le futur empereur Napoléon, alors Premier Consul, ne trouva rien de mieux que de rétablir l'esclavage, pour des raisons multiples, mais derrière lesquelles le spectre de l'argent s'agitait. Avant le rétablissement scélérat beaucoup d'esclaves affranchis par la révolution étaient restés sur les propriétés de leurs anciens maîtres ; car quel était leur avenir, sans terre ni rien qui eût pu les placer en condition d'agir librement ? Tout cela n'arrangea pas les rapports entre les communautés et engendra moults incidents. Il fallut attendre Schoelcher et le décret d'abolition de 1848 pour liquider juridiquement l'esclavage sur les territoires français. Mais il manqua encore un volet pour établir l'égalité et la justice : la réforme agraire. Ce qui ne se fit pas, et donna à cette abolition un petit goût d'inachevé et de prompte hypocrisie.

Ceci dit, il ne faut pas croire que le rétablissement d'une injustice permette un retour intégral aux vieilles mauvaises habitudes. Il reste toujours quelque chose des idées justes, et immanquablement elles prennent le dessus, un jour ou l'autre.

Trois personnages dominent les événements d'alors à Saint-Domingue, sur un siècle environ. Makandal, Toussaint Louverture et Dessalines. Toussaint Louverture avait 15 ans à la mort de Makandal, et Jean-Jacques Dessalines venait de naître. Tous ont connu une fin tragique, tous trahis par leur entourage, et ce sera un des nombreux points communs qui les unit dans l'Histoire, avec ce qu'on nommera la lutte pour la liberté. Mais ce dernier point connut bien des avatars, car aucun de nos trois personnages n'avaient la même vision de la liberté. Makandal était d'abord un criminel qui s'est libéré lui-même et qui a bénéficié dès sa fuite, d'une aura légendaire qui s'est propagée dans l'espace et le temps ; Toussaint fut affranchi, on ne sait pas trop quand ni comment, mais toujours est-il qu'il se retrouva maître d'une exploitation de café sur laquelle il employait des esclaves, parmi lesquels un certain Jean-Jacques Dessalines, futur empereur éphémère de la région. Nous ne voyons pas trop comment Toussaint Bréda, plus tard nommé Louverture, aurait pris la tête d'un mouvement insurrectionnel anti-esclavagiste ou autonomiste, étant lui-même un esclavagiste. Ce sont plutôt les circonstances qui l'ont amené à se muer de médecin – il connaissait bien les plantes – en chef politique. Quant à Dessalines, après être devenu lieutenant de Toussaint, et combattu un peu sur tous les fronts, il est pris de la folie des grandeurs si commune aux militaires victorieux et devient empereur sous le nom de Jacques 1er. Autre point commun entre ces trois personnages : leur carrière à chacun est entachée de faits de guerre peu reluisants qu'on est autorisé à appeler des crimes. Mais ils n'ont rien inventé en la matière, on s'en doute. Dans le contexte historique les évènements mènent la danse plutôt que les hommes qui les font.

Revenons pour terminer, à Makandal qui surtout nous intéresse ici. Le détail de son histoire figure dans les textes qui suivent, sachant qu'ils n'émanent pas d'auteurs enclins à abandonner les colonies et surtout qui n'admettaient pas que les gens de couleur puissent être leurs égaux. C'est la forme originelle du racisme qui perdure aujourd'hui. D'ailleurs, Makandal voulait-il une quelconque indépendance de son île ? Sûrement pas. Tout au plus a-t-il montré involontairement par son exemple qu'on pouvait s'affranchir soi-même ; d'autres ont élargi le propos en généralisant et en faisant de lui un précurseur. Cependant, comme on lui prête la volonté d'anéantir tous les Blancs par empoi-sonnement, on peut y voir l'ombre d'un début d'action libératrice globale, sous les troubles auspices du racisme ici encore ; encore faudrait-il que cette volonté génocidaire soit avérée, ce qui ne ferait pas de Makandal un héros pour autant. En tout cas, on ne peut nier la grande peur qui sévit de son temps dans l'ile de Saint-Domingue. Les empoisonnements succédaient aux empoisonnements ; et les victimes étaient des Nègres, comme on les appelait alors, esclaves ou pas, ainsi que des Blancs. Ce qui ressemble plutôt à des actes perpétrés dans un cadre de vengeance, mêlé de vendetta, ou de banditisme. Nous sommes loin des Lumières.

Quoi qu'il en soit, les textes présentés plus loin permettent une approche, probablement incomplète et tronquée, de l'Histoire de l'ile pendant la période Makandal, soit une vingtaine ou trentaine d'années. La société s'y dessine dans toute sa sévérité et parfois son horreur. On objectera que nous jugeons à l'aune de notre époque à nous ; mais l'objection tombe si on rappelle ce que sont les Lumières, ce qui a été dit par les philosophes, notamment par Bentham en plein dans le sujet, et finalement par le sentiment individuel que l'esclavage n'est pas un état naturel et qu'il ne l'a jamais été, même dans la Grèce ou la Rome antiques.

Aujourd'hui, l'esclavage n'a pas disparu, au contraire, on pourrait dire qu'il a pris des formes nouvelles. Et l'on peut mettre à la même enseigne le colonialisme. Quant au racisme il fait de nos jours les choux gras des politiciens qui ont dénaturés le sens même du mot. Mais ceci est une autre histoire.

Nielrow

MAKANDAL

Histoire véritable.

Par M. De C....

Paru dans le Mercure de France – 15/09/1787

L'histoire des illustres scélérats devrait être effacée des Annales des Nations, si les tableaux du crime ne servaient pas à le rendre plus odieux. Mais les écrivains qui ont daigné employer leur plume à tracer les forfaits de quelques monstres, n'ont peut-être pas été moins utiles au bonheur du genre humain, que ceux qui ne nous ont présenté que la peinture des vertus.

Le Nègre dont je vais raconter la vie, n'a été ni un Mahomet ni un Cromwel ; mais on jugera, par ce qu'il a entrepris, de ce qu'il aurait pu faire s'il s'était trouvé dans les mêmes circonstances que ces deux fanatiques ambitieux. On n'a pas besoin, pour faire voir combien ses projets étaient horribles et dangereux, d'ajouter un mot à la vérité. Depuis environ vingt-cinq ans l'Ile de Saint-Domingue frémit au nom seul de Makandal.

Né en Afrique, dans une de ces contrées qui sont adossées au mont Atlas, il était sans doute d'un rang assez illustre dans sa patrie, puisqu'il avait reçu une éducation bien plus soignée que celle qu'on donne ordinairement aux Nègres. Il savait lire et écrire la langue Arabe, et ce n'est pas le seul Nègre tombé par hasard dans l'esclavage, et conduit dans nos Colonies, qui ait eu le même talent. Makandal avait encore un goût vif et naturel pour la Musique, la Peinture et la sculpture ; et quoiqu'il ne fût âgé que d'une douzaine d'années quand on le conduisit en Amérique, il possédait une grande connaissance de la médecine de son pays, et de la vertu des simples, si utile et souvent si dangereuse sous la brûlante zone qui s'étend entre lesTropiques.

Transporté à Saint-Domingue et vendu à un Colon des environs du Cap-français, Makandal se rendit très agréable à son maître par son zèle et sa grande intelligence, et il se fit chérir et révérer de tous les esclaves par le soin qu'il eut de leur procurer des plaisirs en multipliant leurs fêtes, et de guérir leurs maux après que les médecins blancs les avaient jugés incurables. Bientôt il fut l'âme de tous les calendas, sorte de rendez-vous de danse que les Nègres aiment avec passion, et d'un bout de l'Ile à l'autre les malades abandonnés invoquaient le nom de Makandal, et lui envoyaient demander quelque feuille d'herbe ou quelque racine qui presque toujours leur portait la santé.

Le jeune Makandal n'était alors connu que par sa bienfaisance et son goût extrême pour les plaisirs. Heureux s'il n'eût fait qu'un si doux usage de ses belles qualités ! Mais elles ne tardèrent pas à devenir la source des plus grands crimes.

A l'âge de quinze ou seize ans, l'amour se développa dans son âme avec la plus étonnante impétuosité. Loin d'éprouver un penchant exclusif pour une seule femme, toutes celles qui possédaient quelques attraits avaient part à ses hommages et enflammaient ses sens. Sa passion acquérait plus d'énergie et plus d'activité à mesure que les objets qui l'inspiraient se multipliaient à ses yeux. De tous côtés il choisissait des maîtresses. On sait que parmi les Nègres la jouissance suit de près le désir, et que l'indifférence et la satiété accompagnent ordinairement la jouissance; mais Makandal, au contraire, paraissait toujours plus épris des femmes qui contribuaient à son bonheur, et une orgueilleuse jalousie défendait l'empire de son amour.

Le Chef blanc de l'habitation où Makandal était esclave, commençait à aimer une jeune Négresse dans le temps que Makandal en devint aussi amoureux. On sent combien, cette fille dut se trouver embarrassée pour choisir entre un maître despotique et rigoureux, et le plus distingué de tous les Nègres ; mais enfin son cœur pencha pour son égal, et le Chef blanc fut rebuté.

Indigné de cet affront, il découvrit que Makandal en était la cause, et il résolut dë s'en venger. Makandal, malgré ses courses Nocturnes et tous les soins qu'il donnait au plaisir, remplissait son devoir d'esclave avec tant de zèle et de ponctualité, qu'il n'avait jamais été exposé au moindre châtiment, chose étonnante dans un pays où les coups de fouet déchirent sans cesse le corps des malheureux Nègres, et remplissent de terreur et de pitié l'âme des Européens qu'une horrible habitude n'a pas encore endurcis à ce spectacle affreux.

Le Chef blanc, jaloux de surprendre Makandal en défaut, redoubla de vigilance, mais en vain. L'esclave fut toujours irréprochable. Cependant son ennemi ne trouvant aucune raison de le punir, en chercha le prétexte ; et un jour, au milieu d'une plantation nouvelle de cannes à sucre, il lui ordonna de se coucher par terre et de recevoir cinquante coups, de fouet. L'orgueilleux Makandal parut révolté de cette injustice. Loin de s'humilier et d'implorer les prières et l'intercession de tous les autres esclaves étonnés et attendris, il jeta fièrement les instruments du labourage aux pieds de son rival, et il lui dit que cet ordre barbare devenait pour lui le signal de la liberté. En même temps il prit la course vers les montagnes, et il se sauva malgré la fureur du Blanc et les poursuites feintes des Nègres, qui n'eurent garde de l'attraper.

Il fut donc dès lors au nombre des Nègres marrons, c'est-à-dire, déserteur, et il l'a été douze ans de suite avant qu'on ait pu le prendre. Il vivait cependant sans cesse au milieu de ses camarades. On ne donnait pas une fête un peu intéressante qu'il n'en fût le coriphée. Mais comment les Nègres auraient-ils osé trahir leur ami, leur consolateur et leur prophète ? Car il était enfin parvenu à leur faire croire qu'il avait des vertus surnaturelles et des révélations divines.

Il avait sculpté avec beaucoup d'art au bout de son bâton d'oranger, une petite figure d'homme qui, lorsqu'on la touchait un peu au-dessous de la tête, remuait les yeux et les lèvres, et paraissait s'animer. Il prétendait que ce fétiche répondait à ses questions, et rendait des oracles; et quand il lui faisait prédire la mort de quelqu'un, il est certain qu'il ne se trompait jamais.

La grande connaissance que Makandal avait des simples lui fit découvrir à Saint-Domingue plusieurs plantes vénéneuses, et c'est par-là surtout qu'il s'acquit un grand crédit. Sans expliquer les moyens dont il se, servait, il annonçait que tel Nègre ou telle Négresse, qui demeurait quelquefois à cinquante lieues de l'endroit où il parlait, mourrait le même jour ou le lendemain, et ceux qui l'avaient entendu apprenaient bientôt avec terreur que sa prédiction était accomplie.

Voici comment il s'y prenait pour exécuter des crimes dont on ne s'est aperçu que lorsqu'ils ont été portés à l'excès.

Les Nègres ont en général beaucoup d'aptitude au commerce. Il y en a un très grand nombre dans nos colonies qui vont revendre des marchandises d'Europe dans les habitations, et qu'on nomme pacotilleurs. C'est parmi ces pacotilleurs que Makandal avait ses disciples et ses partisans les plus affidés, et c'est d'eux surtout qu'il se servait pour le bien et le mal qu'il voulait faire.

Il y a encore un autre usage parmi les Nègres, c'est d'exercer avec un soin religieux les vertus hospitalières, et de prendre ensemble quelque aliment lorsqu'ils se revoient après la moindre absence. Or dès que Makandal voulait faire périr quelqu'un, il chargeait un pacotilleur de ses amis de lui présenter ou un fruit ou un calalou qu'il lui remettait en lui déclarant qu'il contenait la mort de celui qui le mangerait. Le pacotilleur, au lieu d'imaginer que Makandal eût empoisonné le fruit, tremblait au pouvoir de son fétiche, exécutait l'ordre du prétendu prophète sans oser en parler à personne ; la victime expirait, et on admirait au loin la prescience de Makandal.

Ses amis trouvaient toujours en lui un vengeur redoutable, et ses rivaux, ses maîtresses infidèles, surtout celles qui lui refusaient leurs faveurs, n'échappaient jamais à sa barbarie. Mais enfin l'amour qui l'avait tant favorisé, l'amour pour lequel il commettait sans cesse des crimes innombrables, l'amour fut la cause de sa perte et de son juste châtiment.

Makandal avait auprès de lui deux complices ou lieutenants aveuglément dévoués à ses volontés. L'un se nommait Teysselo et l'autre Mayombé, et il est vraisemblable qu'eux seuls étaient en partie instruits des secrets qu'il mettait en usage pour établir sa domination.

C'est dans les hautes montagnes qui couronnent le Margaux et le Liubé qu'il se retirait pendant le jour, et qu'il rassemblait, avec ces deux Chefs, un nombre considérable d'autres Nègres marrons. Ils avaient sur le sommet presque inaccessible des montagnes, leurs femmes, leurs enfans, avec des plantations très bien cultivées. Et des bandes de ces brigands armés descendaient quelquefois, aux ordres de Makandal, pour répandre la terreur et le ravage dans les habitations des plaines voisines, ou pour exterminer ceux qui avaient désobéi au prophète.

Il paraissait en outre affectionner plusieurs jeunes Nègres qui lui rendaient compte de tout ce qui se passait sur les habitations où ils étaient esclaves, et de ce nombre était le Sénégalais Zami, âgé d'environ dix-huit ans, beau comme l'Apollon du Belvedère, et plein d'esprit et de courage.

Un dimanche Zami s'était rendu à un calenda qu'on célébrait dans une habitation à trois lieues de distance de celle de son maître. En arrivant il vit une danse commencée. La foule entourait avec des transports de plaisir et d'admiration une jeune Négresse congo nommée Samba, qui dansait avec une grâce ravissante, et qui alliait le regard le plus tendre et le plus voluptueux à la timide modestie. Sa taille était élégante, souple, et semblable à ces roseaux flexibles que balancent les vents. Des étincelles s'échappaient à travers ses longues paupières à demi voilées. Ses dents effaçaient la blancheur de la neige, et son teint, aussi noir que l'ébène, donnait un air plus piquant à sa rare beauté.

Zami la regarda, et tout-à-coup il sentit dans son cœur le premier mouvement de l'amour. Dans cet instant le hasard fit que Samba porta ses beaux yeux sur Zami, et elle fut frappée du même trait qui venait de percer le jeune Nègre.

Après que la danse fut finie, ils se cherchèrent, ils se réunirent, ils furent toujours ensemble ; et lorsqu'il fallut se quitter, ces nouveaux amants se promirent de se revoir aussi souvent qu'ils le pourraient. Pendant le jour leur travail les occupait chacun de son côté ; mais dès que le soleil disparaissait de l'horison, ils se retrouvaient à un rendez-vous secret. Là, dans un bosquet d'orangers odoriférants, sur des gazons toujours fleuris, sous un ciel pur et sans nuage, et à la face des astres brillants et silencieux de la nuit, ils se renouvelaient les témoignages ardents de leur amour, et ils se consolaient, par les plus tendres caresses, de la gêne de leur condition qui les obligeait de se séparer dès que l'aurore matinale revenait dorer l'azur des cieux.

Leur bonheur durait depuis près de six mois, lorsque Samba s'aperçut qu'elle deviendrait enfin mère. Elle fit part de cette découverte à Zami, et il est impossible d'exprimer les transports de la joie qu'il en eut.

Ce n'est point quand on commence à connaître une maîtresse qu'on l'aime le plus ; ce n'est pas même quand elle nous accorde les premières preuves de sa tendresse, mais c'est dès qu'elle porte dans son sein un gage de notre amour. Il semble qu'alors elle va doubler notre être. Elle nous en devient mille fois plus chère et plus précieuse. Nous tremblons du plus petit danger qui la menace. Ses légers déplaisirs sont pour nous des peines cruelles, et ses moindres joies font nos délices.

Zami était encore dans le délire de son enchantement, lorsqu'en quittant Samba à la pointe du jour, et rentrant dans sa chaumière, il y trouva

Makandal qui l'attendait. Makandal ignorait la passion et le bonheur de Zami, et voici le discours qu'il lui tint : « Zami, tu connais la puissance terrible de mon fétiche. Réjouis-toi donc d'avoir trouvé grâce devant lui et mérité sa confiance. Rends-roi dans cette habitation. Cherche la Négresse Samba, qui jusqu'à présent a dédaigné les vœux de tous ses admirateurs, et qui depuis une année m'humilie moi-même par d'horribles refus. Demande-lui l'hospitalité, et dans l'instant qu'elle voudra manger, répands adroitement dans son calalou la poudre que voici ; elle doit donner la mort à Samba. » En même-temps il lui remit un morceau de feuille de bananier qui contenait la funeste poudre.

Zami, frappé de ces paroles comme d'un coup de tonnerre, se jeta aux pieds de Makandal, et lui dit, en versant un torrent de larmes : « Ô Makandal ! Dois-tu exiger que je sacrifie à ta vengeance la beauté la plus parfaite, l'âme la plus pure dont nos climats puissent s'honorer ; apprends que j'adore samba ; que j'en suis tendrement aimé, et que son amour va bientôt faire donner le titre de père à l'infortuné Zami ».

Pendant ce temps là il embrassait les genoux du féroce Makandal, qui, furieux de voir un rival préféré, tirait déjà son coutelas, et allait sans doute l'immoler, si la voix des Blancs, qui appelaient les esclaves au travail, ne s'était pas faite entendre.

Makandal n'eut que le temps de se sauver avec précipitation, et il laissa étourdiment dans les mains de Zami la poudre empoisonnée.

Zämi résolut d'abord de découvrir tout aux Chefs blancs ; mais il craignait encore Makandal ; il craignait surtout son fétiche, et il garda le silence.

La journée lui parut d'une longueur insupportable. Il était accablé d'une tristesse et d'une inquiétude mortelles ; enfin dès que le travail eut cessé , il franchit les trois lieues qui le séparaient de Samba, et il se rendit au bosquet d'orangers.

Samba n'y était point arrivée. Son amant l'attendit avec une impatience inexprimable ; battu par un flux et reflux d'espoir et de crainte , à tout instant il croyait l'entendre marcher; le moindre bruit, le plus léger frémissement des arbres redoublait son illusion et retentissait dans son cœur. Mais, voyant que l'heure du rendez-vous était passée, de noirs pressentiments l'accablèrent ; il se livra aux plus terribles conjectures, et il perdit enfin l'espérance de voir venir sa maîtresse, lorsque le char de la grande ourse lui fit connaître qu'il était minuit. Soudain il s'élance, et vole vers la demeure de Samba. La crainte de porter le trouble dans une habitation étrangère ne l'arrête pas. Il ne peut plus longtemps tarder à apprendre ce que son amante est devenue.

Qu'on se représente l'effroi, la douleur, le désespoir du malheureux Zami, lorsqu'en approchant de la cabane de cette fille adorée il entendit les gémissemens de plusieurs Négresses. Il entre ; il voit Samba étendue sur sa natte ; il se précipite vers elle. Alors elle tourne sur hui ses yeux mourants, lui prend la main, et expire en prononçant le nom de Zami.

Zami tomba lui-même sans connaissance à côté de l'objet de son amour. Il fallut l'emporter, et ce ne fut que le lendemain qu'il apprit qu'une Négresse pacotilleuse était venue dans l'habitation, et avait diné chez samba. Il découvrit alors tout ce qu'il savait du projet de Makandal, et il remit la poudre, qu'un Chimiste du Cap français examina, et reconnut pour un poison violent.

La cause d'un nombre imnense de morts soudaines fut enfin soupçonnée. On frémit du péril qui menaçait la colonie entière. On mit toutes les Maréchaussées en campagne pour prendre Makandal ; mais on désesperait déjà d'y réussir, lorsque Zami offrit de l'arrêter.

Il ne s'arma que d'une petite massue de bois de goyavier, et il alla se mettre en embuscade dans un des défilés de la montagne où Makandal se retirait. Là, il fut cinq jours à l'attendre. Enfin, le sixième, avant que l'aube parut, il l'entendit marcher avec deux autres Nègres marrons. Zami fond aussitôt sur eux, et assomme les deux camarades de Makandal. Celui-ci tire son coutelas pour frapper Zami, qui d'un coup de massue le lui fait tomber de la main, et le terrasse lui-même. Alors il lui attache les bras derrière le dos avec sa longue ceinture, et il le conduit au Cap.

Parmi les complices de Makandal, Teysselo et Mayombé furent aussi arrêtés, et confessèrent dans les tourments le secret des poisons. Mais Makandal lui-même ne voulut jamais rien avouer. Il conserva jusque dans les flammes son audace et son fanatisme, ce qui fit croire à la foule des Nègres ignorants que le fétiche le sauverait. Une circonstance singulière parut même un instant favoriser à leurs yeux cette opinion. On avait planté dans la terre un poteau autour duquel on dressa le bûcher de Makandal, et on l'attacha avec un carcan à ce poteau. Les efforts qu'il fit lorsque l'on mit le feu au bûcher furent si violents, qu'il arracha le poteau, et qu'il fit dix à douze pas au milieu de la foule. Tous les Nègres crièrent soudain au miracle ; mais un soldat, qui était à côté, lui prouva d'un coup de sabre qu'il était plus puissant que lui, et on le rejeta dans le bûcher.

Pour Zami, dès qu'il eut vengé l'infortunée Samba, il se donna lui-même la mort dans l'espoir d'aller rejoindre une amante sans laquelle il ne pouvait vivre.

Finis

Notice sur Makandal
par Thomas Madiou (1814-1884)

Une conspiration dirigée par un nommé Makandal, faillit d'un seul coup étouffer tous les Blancs.

Makandal, africain et d'une illustre naissance, avait été élevé dans la religion musulmane. Il était instruit, et possédait très bien la langue arabe.

Fait prisonnier de guerre dans son pays, il avait été vendu, comme esclave, aux traitants européens qui le transportèrent à St Domingue. Il avait acquis dans la province du Nord une immense influence sur les siens, en se présentant à eux comme prophète ou sorcier. Pendant plusieurs années, il résista à toutes les attaques de la maréchaussée ; mais il finit par tomber dans des embûches que lui avaient dressées des esclaves dont il avait enlevé les femmes. Il fut pris et livré à l'autorité.

On découvrit qu'il avait conçu le gigantesque projet d'exterminer les Blancs, et de proclamer la liberté et l'indépendance de la race noire à St Domingue. Il fut jugé, condamné à être brûlé vif par un arrêt du conseil de la province du Nord du 20 janvier 1758. On l'exécuta sur la place du Cap, au milieu d'un peuple immense qu'il terrifiait encore, quoiqu'enchaîné à un poteau au milieu du bûcher.

Description topographique, physique, civile, politique et historique de la partie française de l'Isle Saint Domingue, par Moreau de Saint-Mery (1750-1819)

(Saint-Mery vient de parler en termes élogieux d'un planteur et sucrier un certain M. Belin).

…..

Qu'il est pénible, après avoir cité un être dont toute la vie est une série d'actes recommandables, d'être obligé den nommer un dont l'atroce existence a été un fléau pour l'humanité.

C'est de l'habitation de M. le Normand de Mézy, au Limbé, que dépendait le nègre Macandal, né en Afrique. Sa main ayant été prise au moulin, il avait fallu la lui couper, et on le fit gardien d'animaux. Il devint fugitif. Pendant se désertion, il se rendit célèbre par des empoisonnements qui répandirent la terreur parmi les nègres, et qui les lui fournit tous. Il tenait école ouverte de cet art exécrable, il avait des agents dans tous les points de la colonie, et la mort volait au moindre signal qu'il faisait. Enfin, dans son vaste plan, il avait conçu l'infernal projet de faire disparaître de la surface de Saint-Domingue tous les hommes qui ne seraient pas noirs, et ses succès qui allaient toujours croissant avaient propagé un effroi qui les assurait encore. La vigilance des magistrats, celle du gouvernement, rien n'avait pu conduire jusqu'aux moyens de s'emparer de ce scélérat, et des tentatives punies d'une mort presque soudaine, n'avaient servi qu'à terrifier encore plus.

Un jour les nègres de l'habitation Dufresne, du Limbé, y avaient formé un calenda nombreux. Macandal qui était accoutumé à une longue impunité, vint se mêler à la danse.

Un jeune nègre, peut-être par l'impression que la présence de ce monstre avait produite sur lui, vint en avertir M. Duplessis, arpenteur, et M. Trévan qui se trouvaient sur cette habitation, et qui firent répandre le tafia avec tant de profusion, que les nègres s'enivrèrent tous, et que Macandal, malgré sa prudence, se trouva privé de raison.

On alla l'arrêter dans une case à nègre, d'où on le conduisit dans une chambre de l'un des bouts de la maison principale. On lui lia les mains derrière le dos, et faute de fer on lui mit des enverges de chevaux. Les deux blancs écrivirent au Cap pour prévenir de cette capture, et avec deux nègres domestiques, ils gardèrent Macandal, ayant des pistolets chargés sur la table où était une lumière.

Les gardiens s'endormirent. Macandal, peut-être aidé par les deux nègres, délia ses mains, éteignit la chandelle, ouvrit une fenêtre au pignon de la maison, se jeta dans la savane et gagna les cafiers en sautant comme une pie.

La brise de terre qui augmenta, fit battre le crochet de la fenêtre ; ce bruit réveilla ; grande rumeur ; on cherche Macandal que les chiens éventèrent bientôt et qu'on reprit.

Macandal, qui, s'il avait fait usage des deux pistolets au lieu de fuir, était sûr d'échapper, fut condamné à être brûlé vif, par un arrêt du Conseil du Cap du 20 janvier 1758. Comme il s'était vanté plusieurs fois que si les blancs le prenaient, il leur échapperait sous différentes formes, il déclara qu'il prendrait celle d'une mouche pour échapper aux flammes.

Le hasard ayant voulu que le poteau où l'on avait mis la chaîne qui le saisissait eût pourri ; les efforts violents que lui faisaient faire les tourments du feu, arrachèrent le piton et il culbuta par-dessus le bûcher. Les nègres crièrent : *Macandal sauvé !* La terreur fut extrême ; toutes les portes furent fermées. Le détachement de Suisses qui gardait la place de l'exécution la fit évacuer ; le geôlier Massé voulait le tuer d'un coup d'épée, lorsque d'après l'ordre du procureur général, il fut lié sur une planche et lancé dans le feu. Quoique le corps de Macandal ait été incinéré, bien des nègres croient, même à présent, qu'il n'a pas péri dans le supplice.

Le souvenir de cet être pour lequel les épithètes manquent, réveille encore des idées tellement sinistres, que les nègres appellent les poisons et les empoisonneurs des macandals, et que ce nom est devenu l'une des plus cruelles injures qu'ils puissent s'adresser entre eux.

Un peintre de Paris nommé Dupont, fit en prison les portraits de Macandal et de trois de ses principaux complices, et les apporta en France. Sa veuve les faisant vendre sur le quai du Louvre, M. Courrejolles les acheta et les donna à M. Mazères, à la mort duquel ils ont encore été vendus. J'ai acheté celui de Macandal à Versailles, d'un étaleur au coin de la grande écurie dans l'avenue de Paris. Ce portrait est à l'huile et est très bien fait.

On ferait un ouvrage volumineux de tout ce que l'on rapporte sur Macandal ; mais il était réservé à un anonyme de le présenter dans le Mercure de France du 15 septembre 1787, comme le héros d'un conte, intitulé Histoire véritable où l'amour et la jalousie agissent comme deux grands ressorts.

*

Relation d'une conspiration tramée par les Nègres dans l'isle de Saint-Domingue.
Défense que fait le jésuite confesseur aux Nègres qu'on supplicie de révéler leurs fauteurs et complices.

(Anonyme)

AVIS DE L'ÉDITEUR

On mous a remis deux Lettres. L'une vient du Cap Français, Ile de St. Domingue, et l'autre de la personne à qui cette lettre était adressée. Comme cette personne connaît parfaitement bien par elle-même l'état actuel de cette île, nous donnerons sa Lettre la première pour servir d'introduction à la suivante. Ce que contiennent ces Lettres est trop important, dans les circonstances présentes, pour ne pas les donner au public. On y verra que les Nègres cherchent à se rendre maîtres du pays, en faisant périr ceux qui le sont ; que les Jésuites seuls sont épargnés, et qu'ils protègent ouvertement ces Nègres, en défendant à ceux qu'on fait mourir de révéler leurs fauteurs et complices. N'est-ce pas se déclarer soi-même complice que d'ôter le seul moyen d'extirper cette détestable conspiration ?

Lettre de la personne à qui la Lettre du 24 juin est adressée.

Voici, M. une pièce qui mérite bien de voir le jour, elle est de bonne main et sûre.Vos sens en seront troublés. Est-il donc possible qu'il ne se commette plus de crime sur la terre là où il y a les jésuites ? Pour conserver leur colonie dans le Maragnan , ils conseillent à leurs sujets d'assassiner tous les Blancs, et de leur couper la tête, et ils leur en donnent l'absolution. Pour se rendre maîtres de celle du Cap, ils protègent les empoisonneurs, et menacent les coupables de la damnation éternelle s'ils révèlent leurs complices. On les ménage parce qu'on craint qu'ils n'excitent une révolte. On les soupçonne d'autant plus, que dans cette multitude effroyable de Nègres qui ont péri par le poison, on remarque qu'ils n'en ont pas perdu un seul. Eux et leurs Nègres sont seuls en sûreté. La conséquence n'est pas difficile à tirer.

Extrait d'une Lettre écrite du Cap Français, le 24. juin 1758.

Nous sommes ici, Monsieur, dans une consternation générale, perpétuellement entre la vie et la mort. Le récit de notre situation vous fera horreur. Au mois de janvier dernier on a arrêté au Quartier de Limbé, qui ëst à cinq lieues d'ici, François Macandal, Nègre, esclave de M. le Téllier, habitant de cette Colonie, qui était marron (fugitif) depuis dix-huit ans. Le jour il se retirait dans les montagnes, et la nuit il venait dans les habitations voisines, où il avoir correspondances avec les Nègres. Ils composaient ensemble différents poisons, que ceux-ci vendaient à leurs camarades. On lui a fait son procès. Il a été condamné à faire amende honorable devant la principale porte de cette église, et à être brûlé vif, préalablement appliqué à la question ordinaire et extraordinaire. La sentence a été confirmée par le Conseil supérieur du Cap. Ce scélérat a révélé à la question un nombre prodigieux de ses complices, qui sont des Nègres esclaves, que l'on a arrêtés et qui appartenaient à différents maîtres. Le nombre de ceux qu'il a fait mourir pendant les dix-huit ans de son marronage est incalculable. Enfin il a été exécuté le vingt janvier, à cinq heures après midi.

On l'avait attaché, avec des chaînes de fer, à un poteau qui était planté au milieu du bûcher. Aussitôt qu'il a senti le feu, il a fait des hurlements effroyables ; mais il a fait des efforts si prodigieux et si supérieurs aux forces de l'homme, que le collier et la chaîne se sont détachés du poteau ; en sorte qu'il s'est sauvé du feu, le corps en partie brûlé. La maréchaussée et les habitants ont eu la prudence de faire aussitôt retirer les Nègres qui environnaient la place. Tous ces malheureux, en se retirant, criaient à haute voix que François

Macandal était sorcier et incombustible ; qu'il avait eu raison de leur dire que personne n'était capable de l'arrêter, et qu'aussitôt qu'on mettrait la main sur lui, il se changerait en maringouin. Le bourreau lui-même ne pouvait croire ce qu'il voyait.. Il se jeta cependant sur le criminel, auquel on lia les pieds et les mains et on le rejeta dans le brasier. Tous les habitants firent revenir leurs Nègres qui, en le voyant brûler, sentirent le faux de ce qu'il leur avait fait croire. Depuis cette exécution, on en brûle quatre ou cinq tous les mois ; il y a déjà eu vingt-quatre Nègres ou Négresses esclaves, et trois Nègres libres, qui ont subi le même sort. Mais à mesure qu'on les met à la question, la maréchaussée en arrête neuf ou dix autres qu'ils déclarent être leurs complices. Ainsi le nombre des prisonniers augmente à rnesure qu'on exécute un criminel. Jugez quand finira cette terrible affaire ; il y a actuellement 140 accusés en prison.

Des Nègres qui ont été exécutés , les uns ont déclaré avoir fait périr par le poison 30 et 40 blancs, même leurs maîtres, leurs femmes et leurs enfants ; d'autres, 200 et 300 Nègres appartenant à différents maîtres.

Il y a des habitants qui avaient sur leur habitation 50 et 60 Nègres travaillant à la place. En moins de 15 jours il ne leur en restait que quatre ou cinq, et quelquefois pas un. J'en connais. beaucoup qui ont eu ce malheur. On ne savait à quoi attribuer cette mortalité et on ne pouvoit leur donner de secours convenables, parce qu'on ne soupçonnait pas le poison.

Plusieurs ont avoué qu'ils avaient empoîsonné des Nègres à qui ils avaient offert du poison, mais qui leur paraissaient être trop affectionnés à leur maître et qui auraient pu le découvrir.

François Macandal a découvert trois espèces de poisons, dont il y en a de si dangereux et de si violents, que des chiens à qui les médecins et chirurgiens en ont fait prendre, ont crevé sur le champ. Il y en a d'autres dont l'effet est plus lent, qui font languir cinq et six mois , mais dont il faut toujours nécessairement périr.

Nous sommes effrayés de voir que presque tous les coupables, sont ceux qui travaillent à la grande caze, et en qui l'on a le plus de confiance, le cocher, le cuisinier, et les autres domestique dont nous nous servons.

Ils prenaient précisément le temps où leurs maîtres avaent 15 ou 20 Blancs à table et donnaient des festins. Ils mettaient le poison dans le thé, dans la soupe ou d'autres mets, sans s'embarrasser de faire périr des habitants à qui ils n'en voulaient pas, pourvu que ceux à qui ils en voulaient périssent.

Nous tremblons d'aller les uns chez les autres, et nous ne savons à qui nous fier, étant impossible dé se passer du service de.ces misérables.

On a obtenu de quelques-un la composition d'un remède, qui est un sûr contre-poison, et c'est un très grand bien.

Ce qui nous alarme davantage, est de voir combien peu ces malheureux sont touchés du sort de ceux que l'on exécute, et combien peu leur supplice fait d'impression sur eux. En voici un exemple : entre les Nègres exécutés, il s'en est trouvé du Limbé ; le maître à qui ils appartenaient a obtenu du juge que l'exécution se fît sur le lieu pour contenir les autres. Trois jours après l'exécution, M. de Gondy, commandant comme officier la garde que les bourgeois, au nombre de quinze Blancs, montent audit lieu, trois Nègres de M. de Gondy trouvèrent le secret de les empoisonner tous. Comme les vomissements se déclaraient, on recourut promptement au contre-poison et on les a sauvés : ces trois Nègres ont été arrêtés et suppliciés.

Il faut maintenant vous dire comment la providence est venue au secours de la colonie, qui était menacée d'une destruction totale.

Au mois de décembre dernier le Conseil était assemblé pour juger le procès de six ou sept Nègres qui étaient arrêtés comme empoisonneurs. On en condamna quatre au feu, et de ce nombre était une jeune négresse qui appartenait à un habitant de la Soufrière , nommé M. Vatelle : on la réserva pour être exécutée la dernière. Comme on allaït l'appliquer à la question, et qu'on approchait les mèches, elle dit qu'elle ne vouloir pas souffrir deux fois le feu,et qu'elle àllait tout dire. On ne saurait trop louer la prudence de M. Courtin, sénéchal du Cap. Il a passé deux jours et deux nuits avec le procureur du Roi et le greffier, à recevoir les déclarations qu'elle a faites. Elle a nommé 50 tant Nègres que Négresses comme complices, qui ont été pris tant dans la ville du Cap qu'à la plaine. Elle a donné les moyens d'arrêter François Macandal qui était leur chef : elle a avoué qu'elle avoit empoisonné trois enfants de son maître, qui les lui avait donnés à allaiter, et quantité de ses Nègres, Elle a déclaré que le Père jésuite, qui était venu quelque temps auparavant la confesser en prison, lui avait défendu, *sous peine de damnation éternelle, de révéler ses complices, et de souffrir plutôt tous les tourments qu'on pourrait lui faire endurer* ; mais que comme les Blancs ne lui avaient fait aucun mal, elle voulait bien contribuer à leur sûreté.

M^{rs}. du Conseil touchés des aveux de cette petite Négresse, ont suspendu son exécution. Elle est toujours dans la géôle, les fers aux pieds : mais malgré ses crimes, elle montre tant de sïncérité, donne des avis si justes, qu'on lui doit le salut de la colonie, et qu'on pense que la peine sera commuée en une prison perpétuelle.

M. le Gouyerneur averti de la conduite du père *jésuite*, lui a fait interdire l'entrée des prisons. On l'a également interdit à tous les autres révérends pères jésuites,et on veille de fort près sur cet article. Mais la colonie murmure de ce qu'on les en quitte pour cela : car on ne dit pas tout.

Voilà, M. l'état de notre colonie. Les empoisonneurs au reste demeurent beaucoup plus dans la plaine que dans la ville ; parce que François Macandal n'y est venu que trois fois, au lieu qu'il passait toutes les nuits dans les habitations de la plaine. Mais un des malheureux qu'il a instruits peut en instruire cent, et vous ne voyez que trop le progrès que ce mal a fait.

Notez que tous ces coupables sont des Nègres de prix, et de 4 à 5 000 livres ; on ne les épargne pas pour cela. Mais leurs maîtres sont d'autant plus malheureux, que le Roi ne leur accorde que 600 livres par tête de Nègre supplicié.

Nota. *Par une autre Lettre écrite du même lieu, le 8 novembre 1738, on apprend « que les Nègres cherchent à se rendre maîtres du pays, y en faisant périr tous les Blancs ; qu'on a brûlé les principaux chefs de ces séditieux, et que huit ont été arrêtés depuis peu à la source qui fournit l'eau aux cazernes ; leur dessein était d'introduire du poison dans le canal qui conduit l'eau à la fontaine, et par-là, faire périr les troupes qui les retiennent, et les empêchent de faire périr tous les Blancs. »*

ARRÊT DU CONSEIL DU CAP,

touchant l'empoisonneur MACANDAL et ses complices, et qui ordonne la publication de l'Édit du mois de juillet 1682, sur les poisons.

Du 20 janvier 1758.

Vu par le Conseil le procès criminel extra-ordinairement fait et instruit par continuation de procédures par le Lieutenant Criminel du Cap, à la requête du Substitut du Procureur Général du Roi, Demandeur et Accusateur contre le nommé François Macandal, Défendeur et Accusé, prisonnier ès prison de cette ville du Cap, appelant de Sentence contre lui rendue cejourd'hui par ledit Lieutenant Criminel, par laquelle il a été déclaré dûment ztteint et convaincu de s'être rendu redoutable parmi les Nègres, et de les avoir corrompus et séduits par des prestiqges, et fait se livrer à des impiétés et des profanations auxquelles il se serait lui-même livré, en mêlant les choses saintes dans la composition et l'usage de paquets prétendus magiques, et tendant à maléfices, qu'il faisait et vendait aux Nègres ; d'avoir en outre composé, vendu, et distribué des poisons de toute espèce : pour réparation de quoi il aurait été condamné à faire amende honorable; nu en chemise, tenant en ses mains une torche de cire ardente, du poids de deux livres, au devant de la principale porte de l'Église paroissiale de cette ville, où il serait amené par l'Exécuteur de la haute-Justice, ayant écriteau devant et derrière, avec l'inscription : *Séducteur, Profanateur, et Empoisonneu*r ; et là, étant nu-tête et à genoux, dire et déclarer que, malicieusement et méchamment, il aurait séduit et corrompu les Nègres par des prestiges, les aurait fait se livrer et se serait livré lui-même à des impiétés et profanations, en mêlant les choses saintes dans la composition et l'usage des paquets prétendus magiques, et tendant à maléfices, qu'il faisait et vendait aux Nègres, et d'avoir en outre composé, vendu, et distribué des poisons de toute espèce, dont il se repent, en demande pardon à Dieu, au Roi, et à la Justice, et à être ensuite brûlé vif, et à cet effet conduit par l'Exécuteur de la haute-Justice sur la place publique de cette ville, où il serait attaché à un poteau, pour son corps réduit en cendres, être icelles jetées au vent ; ledit François Macandal préalablement appliqué à la question ordinaire et extraordinaire, pour avoir révélation des complices de son crime : conclusions du Procureur Général du Roi, et ouï et interrogé en la Chambre ledit François Macandal sur la cause d'appel et cas à lui imposés ; et ouï le rapport de M. Duperrier, Conseiller, et tout considéré : dit a été par le Conseil qu'il a bien été jugé, mal et sans grief appelé ; et pour faire mettre le présent Arrêt à exécution, a renvoyé et renvoie ledit François Macandal, ensemble son procès et l'interrogatoire par lui subi, devant la Cour cejourd'hui, pardevant ledit Lieutenant Criminel : Et faisant droit sur le Réquisitoire dudit Procureur Général, ordonne que l'Édit du Roi du mois de Juillet 1682, contre les Devins, Magiciens, et Empoisonneurs, sera publié et affiché par trois Dimanches consécutifs, aux portes des Églises paroissiales du ressort, et aussi publié et affiché aux portes des Audiences des Juridictions ; enjoint aux Substituts dudit Procureur Général desdites Juridictions de tenir la main à l'exécution du présent Arrêt, et d'en certifier la Cour sous trois mois.

Cet Arrêt fut suivi d'un arrêté, portant que la Cour témoignerait aux Officiers de la Juridiction du Cap, sa satisfaction du zèle et des soins par eux apportés dans l'instruction et la poursuite de cette affaire.

Nous n'aurons que trop à entretenir nos Lecteurs de la célébrité funeste de Macandal, dont le nom, justement abhorré, suffit pour désigner tout à la fois un poison et un empoisonneur ; c'est encore l'injure la plus atroce qu'un esclave puisse vomir contre un autre à Saint-Domingue.

Dépôt légal : 4ème trimestre 2018
Éditions Nielrow
Dijon

www.ingramcontent.com/pod-product-compliance
Lightning Source LLC
Chambersburg PA
CBHW071752020426
42331CB00008B/2291